林业草原 科普读本

中国林业工作站

国家林业和草原局林业工作站管理总站
国家林业和草原局宣传中心 编

中国林业出版社 China Forestry Publishing House

图书在版编目（CIP）数据

中国林业工作站 / 国家林业和草原局林业工作站管理总站，国家林业和草原局宣传中心编 . -- 北京：中国林业出版社，2025.4. -- ISBN 978-7-5219-3246-1

Ⅰ . F326.2

中国国家版本馆 CIP 数据核字第 2025CE5283 号

策划编辑：何　蕊
责任编辑：杨　洋
书籍设计：北京美光设计制版有限公司

出版发行　中国林业出版社
　　　　　（100009，北京市西城区刘海胡同7号，
　　　　　电话 010-83143580）
网　　址：https://www.cfph.net
印　　刷：河北京平诚乾印刷有限公司
版　　次：2025年4月第1版
印　　次：2025年4月第1次印刷
开　　本：787mm×1092mm　1/32
印　　张：3.75
字　　数：50千字
定　　价：35.00元

前言

　　党的十八大以来，以习近平同志为核心的党中央高度重视生态文明建设和林草工作。为了让更多人了解中国生态保护所做的努力，使生态保护、人与自然和谐共生的理念深入人心，国家林业和草原局宣传中心组织编写了"林业草原科普读本"，包括《中国国家公园》《中国草原》《中国自然保护地》《中国湿地》《中国林草应对气候变化》《中国国有林场》《中国经济林》《中国林草防火》《中国古树名木》等分册。

　　习近平总书记多次深入基层一线考察调研林区工作，对林草工作作出一系列重要讲话、指示批示，提出一系列新理念、新思想、新要求。乡镇林业站处在林草事业的最前线，是生态文明建设和林草政策措施落地落实的"最后一公里"和"关键一公里"。

　　近年来，全国林业站系统深入践行习近平生态文明思想，抢抓生态文明建设和全面推行林长制的历史机遇，不断提升林业站履职能力和服务水平，各项工作取得明显成效，为林草工作高质量发展夯实了基层基础。

　　本书以图文并茂的形式介绍了中国林业站（乡镇林业工作站）的基本概念、前世今生、设立意义及主要职能等内容，展示了部分林业站的精神风貌和典型事例，希望帮助读者进一步认识、了解和支持家乡的林业站事业。

目 录

前言

第一章

认识
中国林业工作站

01 林业工作站是什么样的机构？

　　林业工作站一般指的是"乡镇林业工作站"（以下简称"林业站"），是地方政府依法设立从事林业生产经营管理服务的公益性事业单位，也是林草部门在乡镇（区）级层面唯一的综合性工作机构。因其工作内容涵盖了林草行业基层工作的方方面面，所以林业站常被林农群众称为"小林业局"。

02　林业工作站的历史沿革是怎样的？

　　林业站是在新中国成立初期，因生态治理需要，在部分省份陆续组建的我国基层最早的"七站八所"①之一，先后经历了"建站设员""快速发展""巩固提高""完善规范""质量建站"五个发展阶段。

　　1993 年，全国林业站数量达到 3.7 万个，乡镇覆盖度提高到 75%，标志着基层林业管理服务网络基本形成。此后，随着"建齐、完善""巩固、提高""健全、规范"等阶段性建设目标逐步实现，形成了较为完善的国家、省、市、县、乡五级林业站管理体系。

　　近年来，各种类型的站（独立站、综合站、机构虽撤但仍在正常运转的站）数量基本稳定在 2 万余个，对基层林草管理基本实现全覆盖。

---

① 指县、市、区及上级部门在乡镇的派出机构。

03　林业工作站建站的意义是什么？

　　"上面千条线，落地一根针"。林业站处在林草事业的最前线，同基层群众联系最密切，对山情、林情、民情、社情最了解，参与林草改革发展最直接，在保护发展林草资源、保障重点生态工程建设、助力乡村全面振兴、推进林长制落地、服务林农群众等各项工作中发挥了不可或缺的作用，是林草主管部门联系林农群众最重要的桥梁和纽带，更是生态文明建设和林草政策措施落地落实的"最后一公里"和"关键一公里"。

04 林业工作站的主要职能有哪些?

林业站是基层林草工作的管理者、执法者、服务员、宣传员,主要职能可概括为政策宣传、资源管护、林政执法、生产组织、科技推广和社会化服务六个方面。

◎ 政策宣传

通过发放宣传资料、制作板画墙报、张挂横幅标语、开展座谈交流等多种形式，把党和国家的林业方针政策、法律法规送进千家万户，提高广大人民群众对资源保护、改善生态环境重要性的认识；开展广泛的媒体宣传，调动全社会各方面的积极性，引导广大林农群众和社会力量投身于新时代林业改革发展实践。

开展造林科普宣传

开展森林防火宣传

开展法律法规宣传

开展森林防火宣传

开展松毛虫除治

开展政策宣传

（李月安　摄）

◎ 资源管护

　　在林草主管部门和当地党委、政府领导下，以管理好辖区内的林、草、湿、荒等自然资源为第一要务，配合开展林草湿荒普查、调查和动态监测，掌握资源消长变化情况；协助开展森林抚育、林业有害生物防治等，不断提高森林经营水平；管理和指导生态护林员开展巡山护林工作，防范或及时制止乱砍滥伐、乱捕滥猎、非法野外用火等行为。

组织开展森林消防巡护行动

开展森林抚育规划

开展病虫害防治

开展古树名木调查

开展白蚁防治

（李月安　摄）

组织护林员开展巡山巡护工作

开展松毛虫除治

◎ 林政执法

配合县级林草主管部门或乡镇人民政府开展森林资源执法检查，深入林间地头、企业农户进行实地勘察，参与现场调查破坏森林资源等违法行为；接受委托依法查处破坏森林、林地和野生动植物资源等涉林案件；协助调查处理森林、林木和林地权属争议，化解矛盾纠纷，依法保护森林资源。

（李月安　摄）

开展林政执法

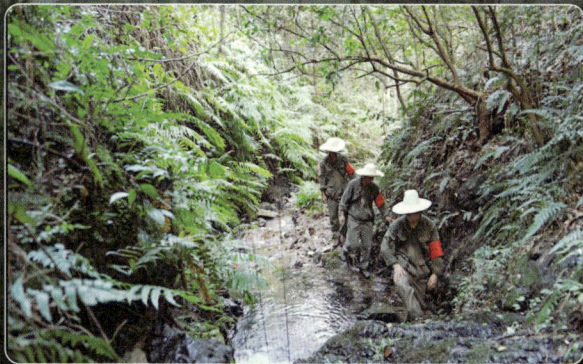

组织护林员开展巡山护林

◎ 生产组织

组织农村集体、个人和林业合作经济组织等开展各项林业生产经营活动，配合县级林草主管部门和乡镇人民政府开展乡村绿化美化，发展林下经济、森林旅游和森林康养产业，参与林业重点工程建设等，承担苗木供应、植树造林、采伐利用等工作的具体实施，推动各项林业生产经营活动顺利进行。

开展林木种质资源普查外业调查

开展森林抚育自查

清理枯死木

为林农提供技术培训

◎ 科技推广

推广林业新品种、新技术、新模式，开展科普宣传、实用技术培训和项目示范工作；建立多类型、有特色的林业科技示范基地，发挥示范引领、示范带动、示范辐射的作用，为林农提供产前、产中、产后服务，不断提升林业产业的经济效益、科技含量和现代化水平。

开展八角嫁接现场指导工作

（李月安　摄）

◎ 社会化服务

　　想群众之所想，解群众之所困。通过设立多种形式的服务窗口，采取"一站式、全程代理"模式为林农群众提供高质量便捷的涉林服务；指导扶持林业合作经济组织开展涉林生产经营活动；通过开展专家下乡或培养乡土专家等活动，对林农进行技术培训和指导；推广森林保险，协助林农参保，协助相关方开展查勘定损等工作。

安徽省金寨县天堂寨镇林业站办事服务大厅

举办葡萄栽培技术培训

李月安 摄

第二章

走进中国林业工作站

01　河北省围场满族蒙古族自治县
　　　林业和草原局棋盘山工作站

　　棋盘山林业站地处围场满族蒙古族自治县北偏西 19.5 千米，是全额拨款事业单位。全站现有在编职工 5 人，其中高级工程师 1 人，工程师 2 人，技师 2 人。

　　棋盘山林业站辖区涉及三镇两乡，包括 47 个行政村，总面积 170 万亩①。辖区内有林地面积 109 万亩（其中天然林 23 万亩，人工林 86 万亩），森林覆盖率 64.1%，活立木蓄积量 218.61 万立方米，苗圃总面积达 3.6 万亩。

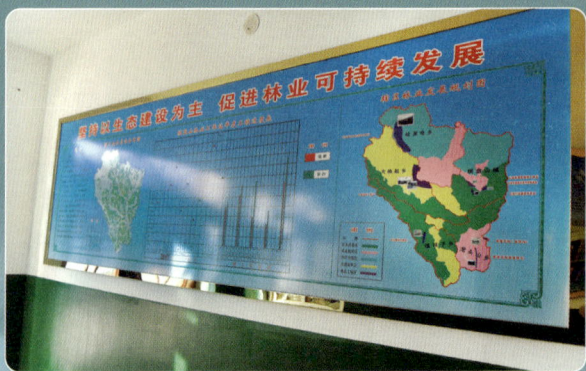

① 1 亩 ≈ 0.067 公顷

多年来，棋盘山林业站坚持对各乡镇进行荒山绿化和封育管护，依托京津风沙源治理、退耕还林还草、张承坝上地区造林等工程项目，大力营造防风固沙林、水源涵养林和农田防护林，有效地改善了辖区的生态环境。

2017年以来，围绕协助实施"伊逊河上游山水林田湖综合治理"项目，棋盘山林业站充分发挥技术指导服务作用，把多年来针对沙化土地、干旱阳坡等不同立地条件总结出的三种治理模式（缓坡、近山地块采取容器大苗造林，固定半固定沙地

采取容器苗与抗干旱丛生灌木混交造林，流动沙地采取网格工程固沙造林），毫无保留地向各个林业施工队推广。同时，由该站负责实施的3000多亩造林工程成为样板工程。通过采取这三种模式造林，项目造林成活率均达到了85%～90%，有的甚至超过90%，有力地保证了工程质量和建设成效。

（李月安 摄）

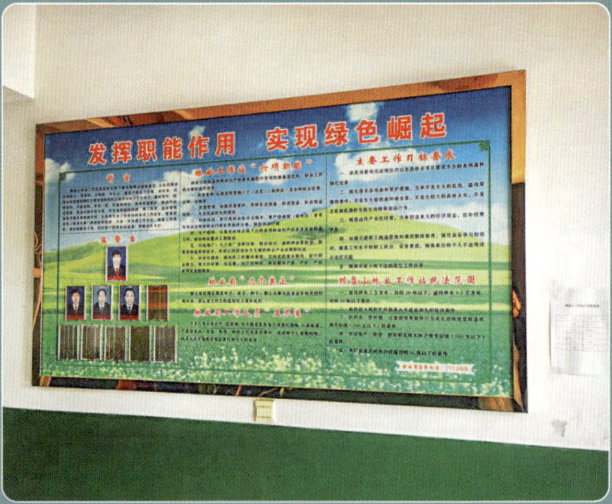
发挥职能作用 实现绿色崛起

为深入贯彻落实习近平总书记在视察塞罕坝时作出的重要指示精神，棋盘山林业站始终把防火工作当成头等大事，认真落实防火联防联控联查责任制，不定期开展联合督导检查，把火灾隐患消灭在萌芽之中。加强森林草原防火宣传，采取出动宣传车、张贴标语、悬挂横幅、散发传单、广播等多种形式，加大防火宣传教育；防火戒严期认真落实值班值宿制度，时刻绷紧防火这根弦，为筑牢辖区森林草原防火防线、维护塞罕坝森林草原资源安全尽职尽责。

　　森林病虫灾害被称为"不冒烟的森林火灾"。棋盘山林业站建立了预测预报责任制度和信息报告制度，并配合县森防站建立预测预报信息联络机制，每年开展林地虫情调查在 1 万亩以上；本着"防早防小"的防治原则，及时开展辖区有害生物发生区域防疫灭病工作，年防治面积 3000 亩以上，有效控制了辖区内病虫害的大面积发生，使森林草原资源得到了有效保护。

（李月安 摄）

02　辽宁省铁岭市开原市八棵树镇林业工作站

　　开原市八棵树镇林业站地处辽北东部山区，是全额拨款事业单位，现有编制5人，实有人员7人，均为大专以上学历。林业站辖区内林业用地面积18.1万亩，其中，公益林面积10.6万亩（国家级公益林面积9.2万亩，地方公益林面积1.4万亩）。森林覆盖率52%，生态区位十分重要。

近年来，八棵树镇林业站以生态文明建设为己任，扎实开展造林绿化、森林资源保护、林下经济发展和科技推广等方面工作，为改善当地生态环境和促进经济社会发展作出了积极贡献。

为保护好辖区内生态建设成果，八棵树镇林业站专门安排 1 名懂专业、经验丰富、有事业心的同志担任国家级公益林的专职监管员。2024 年，专职监管员带领生态护林员开展森林防灭火和野生动物保护宣传 100 余次，实地病虫害监测 30 余次。

为提高辖区内森林覆盖率，八棵树镇林业站组织开展人工造林低产林改造、阔叶树补植补造、封山育林等工作。2023—2024 年，全镇完成造林绿化 782 亩。

（李月安　摄）

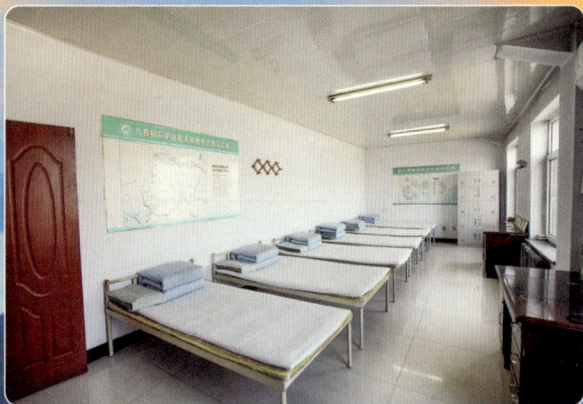

为保护森林资源，八棵树镇林业站建立了源头管理体系，整合林业站管理力量，建立健全护林员队伍，制订措施，明确责任。一是做好采伐证的核发。按照计划—申报—公示—审批—发证—拨交—采伐—验收的采伐管理程序，规范了伐前设计、伐中检查、伐后验收的每个环节和步骤。二是强化伐区管理。对伐区实行全程监管，加强伐前、伐中、伐后管理，做到伐前设计林业站参与、伐中检查专人负责、伐后验收严格有序，对违规采伐的行为按规定进行逐级上报和严肃处理，切实有效地保护了森林资源。

（李月安 摄）

八棵树镇林业站还是乡村林业科技推广和社会化服务的主体。一是加强广大林农实用科学技术知识的培训和指导，不断提高林农科技水平。二是努力做好产前、产中和产后的系列化服务工作，推动乡村林业的市场化经营管理，促进林农增收节支、脱贫致富。目前，八棵树镇林业站在辖区内已兴建榛子、红松、柞蚕、刺嫩芽和林下参示范基地8个，面积达31230亩。

（李月安　摄）

03 黑龙江省伊春市嘉荫县林业和草原局向阳工作站

　　向阳工作站所在的向阳乡位于嘉荫县西北，东与俄罗斯隔江相望。工作站为参公事业单位，现有在岗人员10名（在编人员4名），其中，大专以上学历5人，高中学历2人。站房面积598平方米，设有独立的服务大厅。

向阳乡总面积约 97.2 万亩，森林覆盖率 62.8%，活立木蓄积量 182 万立米。辖区内含 3 个营林区，共计 159 个林班。区域内森林资源丰富，生态区位重要。

多年来，向阳工作站努力践行绿水青山就是金山银山理念，通过改善环境树形象、科学管护保成果、发展产业强实力，走出一条"生态优先村更美，产业支撑人更富"的绿色发展之路。

（柴江辉　摄）

　　在推动辖区改善环境、提升品质、增强功能方面，向阳工作站持续推进绿化美化工程，建设"春有花、夏有荫、秋有果、冬有绿"的生态乡村。此外，向阳工作站健全完善了长效管护机制，压实日常管护责任，成立以生态护林员为主的日常巡护小组，定期检查绿化树木抚育管护情况。

经度：129.8736
纬度：49.038207
地址：黑龙江省伊春市嘉荫县附近G331
时间：2021-05-18 09:51:40
116.0米
1℃~27℃ 西南风

（李月安 摄）

在引导鼓励村民利用自家庭院栽植经济林果，增加绿化面积，提高村民收益方面，向阳工作站已累计完成绿化树木栽植 23.03 万株。全乡 11 个村的村内主要街道、庭院，以及 11 条通村路全部完成绿化，各村屯绿化覆盖率 32% 以上，提前实现省级村屯绿化规划的目标要求，为建设美丽乡村奠定了坚实基础。

在带动辖区群众增收致富方面，向阳工作站发挥"黑木耳专业村"示范引领作用，帮助种植户学习掌握棚室立体生产技术，指导建设标准化生产基地，引进推广新菌种、新技术，辐射带动形成产业示范区。

（李月安 摄）

04　浙江省遂昌县云峰林业工作中心站

　　云峰林业站位于丽水市遂昌县东城新区，为全额拨款事业单位，现有在编人员 12 名，其中，大专以上学历 9 人，高中学历 3 人。云峰林业站为中心站，业务范围为云峰街道和濂竹乡两地，辖区内林地面积 23 万亩，森林覆盖率达 77.18%。

近年来，云峰林业工作站积极当好生态"哨兵"，在兴林富民工程、产业助推乡村振兴、森林资源保护等多项工作中亮点突出、成效显著，走在全省前列。

（李月安 摄）

　　在推进国土绿化美化方面，云峰林业站通过广泛宣传、科学谋划、抢抓时机、见缝插绿，高质量推进国土绿化美化行动，3年累计完成造林3020亩。建立健全公益林、天然林保护机制和护林员队伍管理机制，充分运用"林长智治"应用场景开展巡查，高质量推进辖区内17.5万亩公益林保护工作。

在森林防火和林业有害生物防控方面，云峰林业站坚持把防控工作作为政治任务抓紧抓实。2023 年度处置疫木 3955.21 吨，同比下降 60.89%，除治成效显著。森林防火责任细化到户，巡山督查常年化，应急演练常态化。2016 年组建了全县唯一一支 50 人的"省级森林消防机降灭火队伍"，辖区内近 3 年未发生森林火灾。

森林消防队伍支援北界

（季月妥 摄）

在助力乡村振兴和产业富民方面，云峰林业站以林道建设为"杠杆"，有效盘活辖区毛竹资源，为林农打通深山致富"最后一公里"。积极引导林农因地制宜发展林下种养殖产业，并定期组织示范户开展科技培训。目前，已建立香榧、箬叶、中草药等示范基地1480余亩。立足当地林情，大力实施森林抚育及"一村万树""千村万元"等各类林业项目，带动周边地区林农每年增加劳务收入60万元以上，帮助林农实现家门口就业。

05　安徽省石台县矶滩林业站

　　矶滩林业站地处石台县西北隅，是全额拨款事业单位。站房面积530平方米，有独立的服务窗口和大厅。现有在编人员5名，其中，大专以上学历4人，高中学历1人。辖区内有6个村5100余人，国土面积14.2万亩，其中林地面积12.9万亩，森林覆盖率达89%。

近年来，矶滩林业站紧紧围绕"壮大旅游经济、建设美丽矶滩"目标，突出"生态林业、民生林业"两大主题，"十三五"期间，累计完成造林 0.2 万亩，森林抚育 6.45 万亩，退化林修复 1.4 万亩，封山育林 0.65 万亩，村庄绿化 0.03 万亩，完成 4 个美丽乡村绿化方案编制及绿化施工技术指导。

中
国
林
业
工
作
站

　　"十四五"以来，矶滩林业站牢固树立绿水青山就是金山银山理念，不断加强辖区内重点生态工程建设、森林资源保护管理、林长制落地实施、林业产业发展等工作，依托当地良好的生态资源，实现了生态效益、经济效益和社会效益的有机统一。

62

矶滩林业站利用自己的专业特长，采取多种措施助力该乡产业发展，促进巩固拓展脱贫攻坚成果同乡村振兴有效衔接，充分发挥基层林业站全方位林业社会化综合服务功能。积极开展林农培训，服务新型林业经营主体，送技术进村入户，指导帮助林农发展特色经济林和林下经济。支持塔坑村建设青檀基地、洪墩村建设林下黄精等中药材种植基地、矶滩村建设苦槠果基地、太胜村建设毛竹基地、洪墩村开发森林旅游康养项目等，逐步形成了"一村一基地""一村一产业"的良好态势，带动当地实现兴林富民。

(李月安 摄)

06 福建省三明市三元区岩前林业工作站

岩前林业站为全额拨款事业单位，现有在编人员 8 名，皆为大专以上学历，建有 6 层综合楼 2 幢，有独立的服务窗口和大厅。

　　岩前镇是福建省省级森林城镇，辖12个行政村、2个居委会和1个镇办林场，总人口2.1万人。全镇林地面积35.55万亩，其中人工商品林21.85万亩，是三元区重要的人工商品林基地。1963年建站以来，岩前林业站始终牢记森林资源保护发展使命，持续推动青山增绿、林农增收。

60多年来，全镇累计营造人工林近60万亩，建设苗圃1500多亩，发展毛竹林3000余亩，全镇森林覆盖率从原来的60%左右提升至现在的78.57%，森林经营面积达到32万余亩。20世纪80年代建立福建省首个站属苗圃，现已投资扩建为三元区国有林业苗圃岩前基地，年出圃杉木、闽楠等优质种苗100万株，通过种苗惠民工程，惠及全区林农1.1万户，农民人均涉林年收入达到1万元左右，占总收入比例稳定在30%以上，为岩前镇"生态美、百姓富"作出了积极贡献。

（李月安　摄）

在引入科技提高资源管护效率方面，岩前镇在林业站建设有"无人机自动巡护"机场，创新"机巡＋人巡""地巡＋空巡"高效结合的模式，有效提升了巡护效率。无人机应用以来，毁林占地、森林火情、有害生物、自然灾害等各类事件响应平均时间从 1.5 小时减至 10 分钟，实现早发现、快处置、主动防。

在持续深化"一站式"服务方面，岩前林业站推广承诺制采伐制度，通过简化办理流程、电话预约、上门服务等措施，变"受理办"为"主动访"，林农在家门口就可以办理林木采伐审批证，森林资源数据、历史林权林地档案及造林清册查询，林业政策法规咨询，林业技术推广等业务。

（李月安　摄）

授予：三元区岩前林业站

先进林业工作站

福建省林业厅
二〇〇一年四月

授予：三元区岩前林业站

文 明 单 位

福建省林业厅
二〇〇三年四月

07 湖南省浏阳市林业区东区中心
    林业工作站

　　东区中心林业站为全额拨款事业单位，现有工作人员 14 名，其中研究生 1 名，大专以上学历 8 人；林学专业 8 人；高级职称 1 人，中级职称 5 人。站房占地面积 3883 平方米，拥有独立服务大厅。

　　东区中心林业站辖区内有10个乡镇（街道）、97个行政村（社区），5个自然保护区。林地面积229.1万亩，平均森林覆盖率72.1%，拥有古树名木881株，涉林企业137家。

（柴江辉　摄）

　　在森林防灭火方面，东区中心林业站坚持"人防＋物防＋技防"，通过加大巡护管控力度、拓展管护维度，确保山有人管、林有人护、责有人担。2023年，开展防火督查150余次，防火巡查97个村、82家企业，对发现的安全隐患问题及时进行处理，同时抓好应急演练，辖区全年无火警火灾发生。

　　在野生动植物保护方面，东区中心林业站加强自然保护地管理，加强基础设施建设和生态保护修复，做好古树名木巡查巡护、抢救复壮、数据库完善等工作。

　　在有害生物防控方面，东区中心林业站重点抓好监测预警、检疫御灾、防治减灾工作，扎实推进松材线虫病防控"五年攻坚行动"。

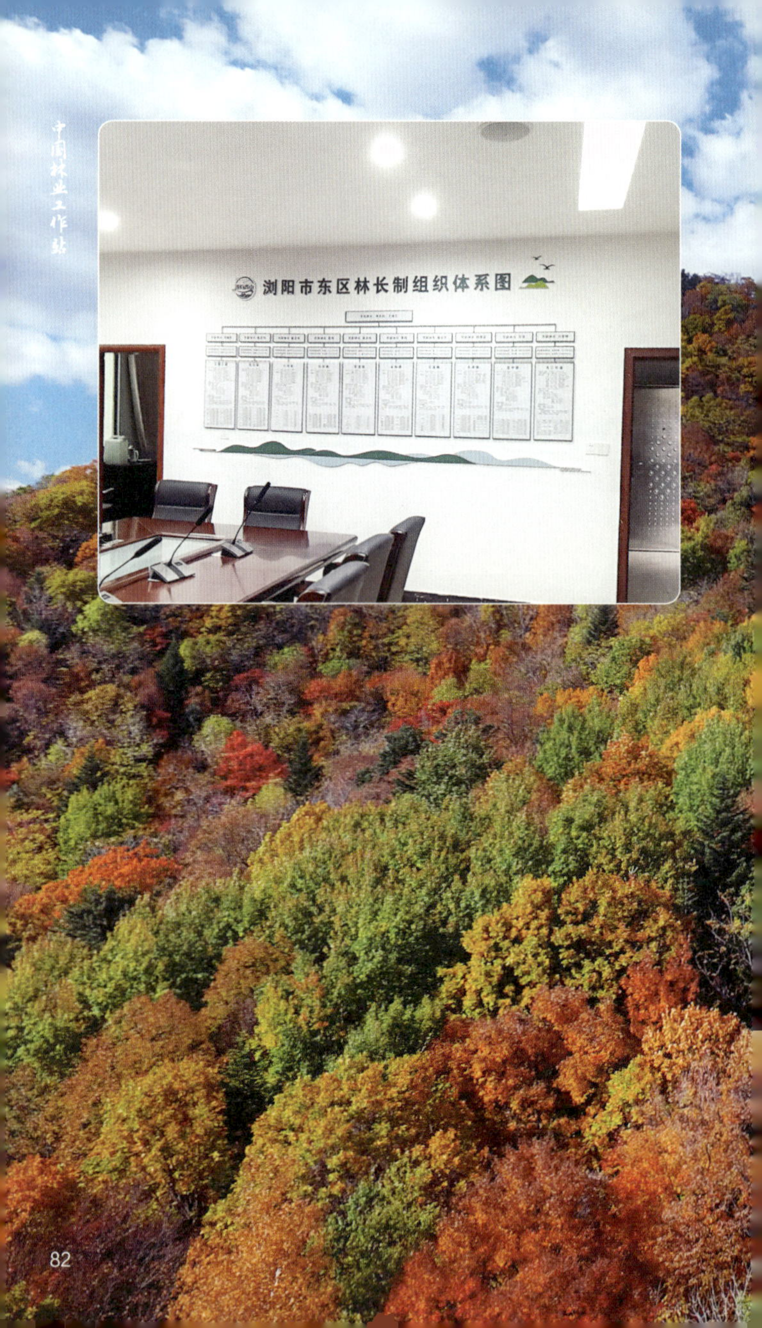
浏阳市东区林长制组织体系图

在安全生产方面，一是设立举报制度，广泛收集违法信息，进行针对性打击，有效控制了盗伐滥伐违法行为。二是对竹木加工单位及采伐区进行全面清理，参与制订木材经营单位管理办法，印发竹木经营单位原材料收购和出入库台账85本，每月组织专班人员进行10次定期的台账检查和不定期巡查，从源头上遏制违法行为。三是针对非法占用林地、盗伐滥伐、非法猎捕和使用野生动物等涉林违法犯罪行为，联合多部门参与执法，检查企业、饭店、个人30余家次，有力震慑了林业违法行为。2023年，共立案查处行政案件85起，协助森林公安办案2起、指导乡镇办案11起，收缴行政罚款500多万元。

李月安　摄

08 四川省达州市达川区百节林业站

　　百节林业站是 2010 年 8 月成立的片区林业站，是全额拨款事业单位，现有在编在岗人员 17 人，其中大专以上学历 14 人，高中学历 3 人；管理的护林员 25 人，负责达川区百节、马家、木子三镇森林资源的保护和管理。辖区面积 16.38 万亩，林业用地面积 6.25 万亩，其中有林地面积 5.8 万亩，森林覆盖率达 52%。

（李月安　摄）

百节林业站在管护好现有森林资源的同时，大力推进植树造林，并充分调动群众的造林积极性，由过去的"要我造"变为现在的"我要造"。截至2024年，在林业站的组织下，辖区共完成退耕还林8600亩、植被恢复造林7000亩、荒山造林3300亩、未成林地造林6300亩；完成义务植树60万株、庭院及四旁绿化220亩、河道绿化17千米、区乡村道路绿化60千米，森林覆盖率由建站前的29%提高到53.9%。

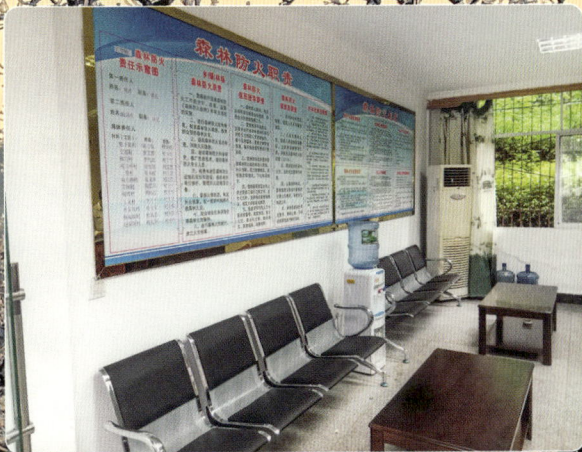

百节林业站积极引导林农发展林业产业。利用"农民夜校"平台开展技术培训，每年至少举办林业实用技术专题讲座4期，培训林业产业带头人500余人，培育一批林农成为乡土专家，为林业产业发展提供了技术支撑。

　　达川区是乌梅原生资源地，被命名为"中国乌梅之乡"。百节镇为全区乌梅核心区，现存活着 10 余株明代栽植的乌梅树，树龄已达 600 余年，至今仍有较强的挂果能力。百节林业站借助地理优势和产业优势，依托国家政策，协助当地政府将林业项目资金向贫困村、贫困户倾斜，特别是针对曾经的贫困村蔡家坡村和肖家村，大力实施退耕还林和后续产业建设等项目，种植乌梅树 1 万余亩。

（李月安　摄）

　　百节林业站还帮助引进企业加工林果、开发生态旅游，助推乌梅产业发展壮大，乌梅酒远销省内外。乌梅山建成了国家级AAAA级景区，每逢花季游客无数。乌梅产业的发展促进了群众增收致富，有力地推动了蔡家坡村、肖家村脱贫奔小康、走向振兴。

（李月安　摄）

09 甘肃省天水市秦州区中梁林业工作站

中梁林业站成立于1998年，是全额拨款事业单位，现有职工22人，其中，大专以上学历20人，高中学历2人。林业站辖区为中梁和玉泉两镇。多年来，中梁林业站充分发挥职能，加快国土绿化，加强资源保护，广泛宣传政策，开展技术指导，用实际行动践行着保护森林草原安全的初心和使命。

依托重点工程，拓展绿化空间。中梁林业站统筹扩绿增量与提质增效，按照"轻重缓急、分类施策"的原则，依托退耕还林、"三北"工程、天然林资源保护等重点工程项目，1998—2024年，共完成造林 2.63 万亩，其中义务植树 1.03 万亩，退耕还林 0.99 万亩，中德财政合作造林 0.3 万亩，退化林修复 0.07 万亩，村庄绿化 0.24 万亩。封山育林 0.5 万亩，道路绿化 320 多千米。

（李月安　摄）

立足资源禀赋，加强育苗基地管理。中梁林业站按照"以绿化、生态苗木为先导，经济苗木为基础"的工作思路，充分利用林业站育苗地，采用大田育苗的方法快速育苗，实行"定时、定量"管理，提升苗木生产的数量和质量，为秦州区国土绿化提供优质种苗。同时，中梁林业站系统谋划，在玉泉观顶部建设了 500 亩的北山月季生态园，栽植月季等各类苗木 20.8 万株、灌木 8.5 万株、灌木球 150 株、各种乔木 420 株，草坪绿化 1.5 万平方米，为城市居民提供了休闲空间。

加大管护力度，维护资源安全。中梁林业站充分运用卫星遥感影像监测、智慧林草监控系统、护林员巡山等措施，全面构建无缝隙、全覆盖的森林资源监管体系，不断加大对乱砍滥伐林木、乱征占林地、乱捕滥猎野生动物、乱采滥伐野生植物的林业违法犯罪行为的打击力度。在重点时段、重要区域增设临时防火检查点，增加护林人员，加大巡护力度，做到防患于未然。

李月安　摄

中梁林业站积极发挥标准化林业站示范带头作用，不定期聘请林业专家或技术员举办培训班，教授果树栽植管理、修剪、病虫害防治、贮藏、营销等实用技术。发放精心编写的便民技术手册 200 册，解决群众在发展林草业方面的实际困难。雇佣当地农民工 30 人开展月季园建设，助力群众增收致富。

10　新疆维吾尔自治区伊犁州昭苏县阿克达拉镇林业站

阿克达拉镇林业站成立于 1985 年，为全额拨款事业单位，现有工作人员 3 人，站长 1 人，技术员 2 人，均为大专以上学历。全镇面积 1042 平方千米（156.3 万亩），其中国家级公益林面积 6.8 万亩，人工林面积 1.27 万亩，人工育苗 610 亩，湿地面积 10.24 万亩。林草覆盖率达 69%，绿化率达 24% 以上。

近年来，阿克达拉镇林业站聚焦"护绿、增绿、管绿、用绿、活绿"五大任务，以全面落实"林长制"为抓手，优化林业发展环境，盘活当地林草资源，促进全镇绿色发展水平有效提升。

（柴江辉　摄）

　　2020 年以来，阿克达拉镇林业站累计投入 10.4 万余元，完成新造林 128 亩，成活率超 90% 以上。投资 160 万元实施村庄绿化美化项目，绿化面积 830 亩，种植红叶海棠、四季玫瑰等树种 3.8 万余株。坚持森林草原防灭火一体化，组建了 12 支 160 人的应急分队，常态化开展培训 25 场次 1280 人次，大规模演练 4 场次。严格落实重大森林草原有

新疆维吾尔自治区巩乃斯林场（柴江辉　摄）

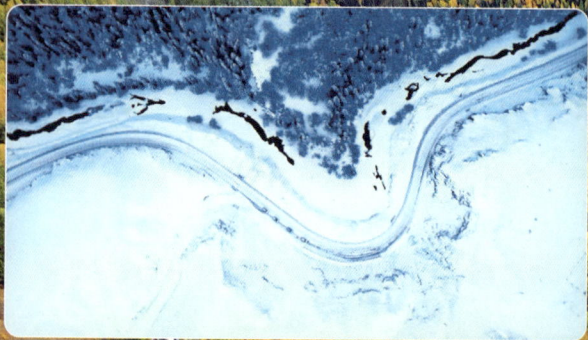

新疆维吾尔自治区巩乃斯林场（柴江辉　摄）

害生物灾害防治责任制，不定期对辖区内的木材加工厂及木材经营情况进行联合排查。组织开展野生动物保护行动，仅2024年，劝返采拾野生蘑菇人员10人次，劝返鱼类繁殖期钓鱼群众15人，宣传保护野生动植物法律法规250余人次，救助受伤天鹅2只、白骨顶鸡1只。

（柴江辉　摄）

此外，阿克达拉镇林业站还强化服务，助力林草产业发展。引导本地林果种植大户于 2022 年注册成立昭苏县雪岭农林发展有限责任公司。指导公司培育了暴马丁香、白蜡、四季玫瑰等苗木 30 余种，林下养殖鸡、鹅存栏量达 1 万羽以上，带动本地农村富余劳动力 500 余人次在家门口就业，实现年增收 80 余万元。

新疆维吾尔自治区喀纳斯林场（柴江辉　摄）

11 青海省海西蒙古族藏族自治州
都兰县察苏镇林业站

察苏镇林业站是全额拨款事业单位，现有在编人员5名，聘用生态护林员200名。察苏镇地处青海省柴达木盆地东南缘荒漠植被带，海拔3180米，年均降水量仅179毫米、蒸发量高达1358～1765毫米，年均气温只有2.7℃，自然条件严酷，植被稀少而珍贵，生态环境极其脆弱。

察苏镇林业站负责察汗乌苏镇和热水乡2个乡镇的生态保护修复任务，国土面积约148.35万亩，人口约3万，汉族为主，约占70%，还有藏族、蒙古族、回族等民族，以绿洲农业和畜牧业为主，管护的森林、沙生灌木以及人工防风固沙林面积27.82万亩，还有湿地、野生动物、水源地等自然资源，面积大、分布零散、交通不便、管护难度大。

　　近年来，林业站立足本地实际和岗位职责，对标县级生态保护修复和建设重点目标任务，建立了一整套护林员管理制度体系，选聘的 200 名护林员均来自当地农牧民，成为落实林长制的触角和神经末梢，形成了网格化、常态化的管理规范。随着工作不断深入和农牧民群众生态保护意识不断增强，破坏野生动植物、林草植被、湿地水源地等违法犯罪案件明显减少。

　　察苏镇林业站还是当地生态保护修复工程的主力军。自 20 世纪 80 年代以来，都兰县先

后实施了"三北"防护林体系建设、防沙治沙、退耕还林还草等重点生态工程。林业站组织护林员在山区、沙区和农牧区不同生态类型区，进行植树造林国土绿化、荒漠化治理、封沙育林育草、防护林带抚育更新、村庄绿化、林木病虫害防治、草原保护修复、集体林权制度改革等活动，察苏镇林业站成为当地国土绿化植树造林的主力军和排头兵。近5年完成义务植树25.05万株、面积1500亩，完成绿化造林和治沙造林4000亩，育苗180亩。